A OBRA DE
João Roberto Kelly

*Melodias cifradas para violão,
guitarra e teclados*

Nº Cat: 320 - A

Irmãos Vitale S/A Indústria e Comércio
www.vitale.com.br
Rua França Pinto, 42   Vila Mariana   São Paulo   SP
CEP: 04016-000 Tel: 11 5081-9499 Fax: 11 5574-7388

© Copyright 2008 by Irmãos Vitale S.A. Ind. e Com. - São Paulo - Brasil
Todos os direitos autorais reservados para todos os países. *All rights reserved.*

CIP - BRASIL CATALOGAÇÃO NA FONTE
SINDICATO NACIONAL DOS EDITORES DE LIVROS, RJ

O14

A obra de João Roberto Kelly : melodias cifradas para violão, guitarra e teclados. - São Paulo : Irmãos   Vitale, 2008.
      música ;

ISBN 978-85-1407-234-0

1. Kelly, João Roberto, 1938-. 2. Música para violão. 3. Música para guitarra. 4. Música para instrumento de teclado. 5. Música popular - Brasil. 6. Partituras. I. Título.

08-0825.   CDD: 781.63
                     CDU: 78.067.26

04.03.08   04.03.08   005575

CRÉDITOS

EDITORAÇÃO E REVISÃO DAS MÚSICAS
Flávio Carrara De Capua

CAPA E PROJETO GRÁFICO
Marcia Fialho

REVISÃO DE TEXTO
Marcos Roque

FOTO DA CAPA
Arquivo pessoal do artista

SELEÇÃO DE REPERTÓRIO
José Mendes Amaral

GERENTE DE PROJETO
Denise Borges

PRODUÇÃO EXECUTIVA
Fernando Vitale

SUMÁRIO

Apresentação 4
Prefácio 5
Depoimentos 7
Primeira Parte: Músicas de Carnaval 11
    Apareceu a Margarida 13
    Bota a Camisinha 14
    Break, Break 15
    Cabeleira do Zezé 16
    Colombina Yê-Yê-Yê 17
    Dança do Bole Bole 18
    Gigi 19
    Israel 20
    Joga a Chave, Meu Amor! 21
    Maria Sapatão 22
    Menino "Gay" 23
    Mulata Iê, Iê, Iê 24
    Pacotão 25
    Paz e Amor 26
    Rancho da Praça Onze 27
    Rancho do Lalá 28
    Rancho do Rio 29
    Rancho dos Embaixadores 30
Segunda Parte: Canções da MPB 31
    Boato 33
    Brotinho Bossa-Nova 34
    Cafèzinho 35
    Canção Para Mamãe 36
    Ciuminho 38
    Dor de Cotovelo 39
    Esmola 40
    Gamação 41
    Made in Mangueira 42
    Mais do que Amor 43
    My Fair Show 44
    Mistura 46
    Passaporte pra Titia 47
    Poeira do Caminho 48
    Pororó-Popó 49
    Samba de Branco 50
    Samba de Teléco-téco 51
    Só Vou de Balanço 52
    Telefone no Morro 53
    Times Square 54
    Zé de Conceição 55

APRESENTAÇÃO

João Roberto Kelly, compositor, pianista, produtor e apresentador de shows, programas de rádio e televisão.

Nasceu no Rio de Janeiro em 24 de junho de 1938. Começou sua carreira artística compondo músicas para peças de teatro de revista no ano de 1958. Posteriormente, apresentado à Editora Vitale por seu primo César do Prado – grande defensor do direito autoral, em particular dos autores das obras carnavalescas –, passou a editar e a gravar composições de sua autoria. Assim, surgiram os primeiros sucessos: "Samba do Teleco-Teco", "Boato", entre outros. Foi contratado pela TV Excelsior, onde compôs as trilhas sonoras dos grandes musicais (humorísticos da TV nos anos 1960): *Times Square, My Fair Show*. Depois, emprestou seu talento para a TV Rio, onde musicou o programa Praça Onze. Tornou-se apresentador de TV e lançou pelas mãos de Boni e Walter Clark o programa *Musikelly*, onde, ao piano, recebeu os grandes cartazes da MPB. A TV Globo foi o passo seguinte como produtor e apresentador.

Nos anos 1970-80, João Roberto Kelly cria, na TV Tupi, o programa *Rio Dá Samba*, um mergulho nas raízes mais autênticas da nossa música e compõe dois grandes sucessos: "Mormaço" e "Dança do Bole, Bole". Foi longa a carreira desse programa, que saiu da TV Tupi e foi para a TV Bandeirantes, em seguida para a TV Record (Rio/São Paulo), ficando no ar por onze anos.

Realizou shows pelo Brasil e no exterior, sempre levando suas composições, principalmente as marchinhas de carnaval, que o fazem o grande campeão desde 1964. "Cabeleira do Zezé", "Mulata iê, iê, iê", "Colombina Yê, Yê, Yê", "Joga a Chave, Meu Amor", "Bota a Camisinha", "Maria Sapatão", "Paz e Amor" e "Rancho da Praça" são muito cantadas e bastante aplaudidas em todos os carnavais.

Suas composições foram gravadas por grandes nomes da Música Popular Brasileira, como Elza Soares, Elis Regina, Dalva de Oliveira, Ângela Maria, Jorge Goulart, Emilinha Borba, Chacrinha, Cauby Peixoto, Emílio Santiago, entre outros. Seu repertório tem sido regravado pela nova geração de intérpretes, tais como Fernanda Abreu, Monobloco, Embaixadores da Folia etc.

PREFÁCIO

Tenho muita admiração por João Roberto Kelly. Tenho motivos para isso. Aliás, não apenas eu. Acredito que todos os brasileiros que gostam da boa música nativa gostem dele – e até mesmo eventuais ouvintes que brincam o carnaval todos os anos, ao som de suas marchas, também adoram esse artista sem saber. Sim, porque muitos, tenho certeza, nem imaginam que seja ele o autor de tantas músicas que todos nós sabemos a letra de cor e perdemos a linha, cantando-as em bailes, ruas e praças do país em toda época de carnaval.

Em 50 anos de carreira, Kelly promoveu como poucos a cultura carioca em suas deliciosas canções, fazendo delas um emblema de brasilidade. Foram, na maioria, "sambas de Teleco-Teco", sambas-canções e marchas para embalar foliões com letras simples, mas que nos pegam à primeira audição.

Aliando melodias agradáveis a versos concisos e diretos, soube ser lírico e romântico, seja na sensualidade de "Mistura" (imortalizada por Cauby Peixoto) ou na delicadeza de cantar um amor que se foi, como em "Mormaço" (que mereceu vozes poderosas, como as de Ângela Maria e Helena de Lima) ou no sambalanço "Boato" – este, aliás, seu primeiro grande estouro como compositor, em 1960, na voz de Elza Soares. Por sinal, nesta área do balanço, do sambalanço ou do "samba de Teleco-Teco, como queira – que vem a ser aquele samba de boate feito nos anos 1950-60 para o povo dançar, mas sem tanto barulho quanto o produzido nas quadras de escola –, ele abafou com muitas canções inesquecíveis: "Gamação", "Brotinho Bossa Nova", "Ciuminho", "Passaporte pra Titia", "Samba de Teleco-Teco", "Dor-de-cotovelo" (esta lançada por uma Elis Regina em início de carreira), fora "Telefone no Morro" e "Made in Mangueira", pérolas menos conhecidas do repertório de Miltinho. Num clima mais de gafieirão, "Só Vou de Balanço" também foi traçada com maestria pela divisão única e nasalada do mesmo Miltinho, assim como a história do "Zé da Conceição", pelo divertido e esquentado Oswaldo Nunes.

Num ambiente de gafieira mais romântica, Kelly teve o samba-canção "Mais do que Amor" entoado pela poderosa voz tenor de Jamelão e "Poeira do Caminho" (em parceria com David Nasser) fez corroer os nossos cotovelos graças aos trinados da diva Ângela Maria. Mas isto era exceção. Sua obra é, no geral, leve, com aquela malandragem e carioquice meio difícil de achar atualmente, uma vez que é genuína, natural, sem macetes. Prova disso é sua deliciosa incursão no gênero das marchas-rancho. Compôs "Rancho do Lalá", com David Nasser, homenageando Lamartine Babo, e "Rancho do Rio", com J. Rui, evocando sempre a cidade de São Sebastião, sua paisagem e suas figuras célebres, o que se repetiu no antológico "Rancho da Praça Onze", uma parceria com Chico Anysio, estourada na voz de Dalva de Oliveira, em 1965, prefixo do programa *Praça Onze*, da TV Rio, evocando a velha praça demolida, onde se concentravam os foliões de outrora.

Na telinha, por sinal, renovou a linguagem do humor musical televisivo, nos anos 1960, sendo um dos criadores de programas, como *Times Square* (revelando ao sucesso pérolas como o "Samba de Branco") e *My Fair Show*, na TV Excelsior, graças à experiência adquirida desde a sua estréia, no Teatrinho Jardel (muito charmoso por se tratar de um teatro de bolso) em 1958, musicando a revista *Sputinick no Morro*, de Leon Eliachar e Geysa Bôscoli, entre outras de formato menos grandioso. Mais tarde, já consagrado, escreveu canções para outras grandes peças musicais, como o *Les Girls*, com texto de Meira Guimarães, pioneiro espetáculo de travestis, em 1964, que lançou Rogéria e Valéria ao estrelato, além de *Vamos Brincar de Amor em Cabo Frio*, de Sérgio Viotti; *Pif-tac-zig-pongue*, de Millôr Fernandes; *Cala a Boca, Etelvina*, de Sady Cabral; e *Felisberto do Café*, de Gastão Tojeiro. E como esquecer do show *Frenesi*, no Golden Room do Copacabana Palace, com direção do Carlos Manga, e textos de Meira Guimarães e Accioly Neto?

Ainda na TV, apresentou diversos programas, como *Musikelly* (TV Rio), onde, num dos quadros, criava canções ao vivo com temas propostos por seus ouvintes, ali, na hora, sem mais delongas, munido de seu inseparável piano. Já na década de 1970, fez sucesso com o *Rio Dá Samba* (na TV Rio, depois na Bandeirantes e Record), cercado de belas mulatas, quando lançou a gaiata "Dança do Bole, Bole" – uma dessas delícias sensuais que só poderiam ser produzidas em solo carioca e vindo de quem veio.

Politicamente incorreto, como convinha aos grandes cronistas de costumes de nossa música carnavalesca, fotografou ao longo da vida diversos tipos inesquecíveis – muitos deles gays ou de forte apelo erótico – e movimentos musicais (bossa nova, iê iê iê, hully gully), imortalizando-os em forma de marchinha, sendo a parte mais popular, lembrada, tocada e regravada até hoje de seu repertório. Que atire a primeira pedra quem nunca pulou carnaval ao som de músicas como "Cabeleira do Zezé", "Mulata iê, iê, iê" ("Mulata Bossa Nova"), "Colombina Yê, Yê, Yê", "Joga a Chave, Meu Amor", "Israel" e muitas outras pérolas lançadas por gente do quilate de Jorge Goulart, Emilinha Borba e Roberto Audi! Isto sem contar a fase em que foi parceiro de Chacrinha, na década de 1980, compondo, a cada ano, um grande sucesso para o Velho Guerreiro, como o samba "Pacotão" e marchas como "Maria Sapatão", "Menino Gay" e "Bota a Camisinha".

Por essas e por outras é que, como fã ardoroso da melhor música do Brasil, só tenho motivos para admirar este adorável boa-praça e talentoso compositor que sempre foi João Roberto Kelly e tecer-lhe loas neste ano de 2008 por seus 70 anos de vida e 50 de bons serviços prestados à nossa música.

Rodrigo Faour
Jornalista e pesquisador musical

DEPOIMENTOS

João Roberto Kelly é, cariocamente, um destacado compositor popular; é aquele que faz o Brasil cantar com a graça de todos os sotaques, o molejo do samba verdadeiro e a sutileza das deliciosas marchinhas carnavalescas.

É um iluminado, grandiloqüente musical que revolucionou os métodos sonoros e coreográficos da televisão brasileira, a partir do ano de 1964.

Salve esse grande compositor brasileiríssimo, nascido no dia de São João, com foguete, luar e violão!

Osmar Frazão
Historiador da Música Popular Brasileira
Rádio Nacional

Se a nossa Cidade Maravilhosa tem cara, ele é o cara!
Ouvir as suas marchinhas nos estádios de futebol pelo mundo dá orgulho de ser carioca.
O Kelly, "bole-bole" com a musicalidade brasileira e transforma o "mormaço" em fervor verde e amarelo.
Ainda bem que ele é imortal.

Claudio Cruz
Presidente da S. C. Embaixadores da Folia

Ás do sambalanço nos anos 60, estourado na praça com hits lapidares, João Roberto Kelly recebe justa homenagem neste livro da Editora Vitale. Com "Boato", por exemplo, pôde até mesmo constatar o "fundo de verdade" jazzístico que, entre outros, Lalo Schiffrin extraiu de sua música, fazendo-a internacional. No entanto, é batendo um bolão com suas marchas, ganhando ruas e salões há tantos carnavais, que o goleador Kelly revela-se, acima de tudo, como é: um compositor de domínio público.
Um abraço,

Gerdal J. Paula
Publicitário

Como dizia o meu saudoso amigo, maestro Sodré: que felicidade poder falar de uma pessoa do calibre de João Roberto Kelly. Quando eu ainda era criança, na minha querida Itaocara – RJ, brincava nos bailes infantis cantando as músicas do Kellynho. Em 1972, quando ingressei no Cordão do Bola Preta, observava os bailes de carnaval no momento em que a Banda do Bola entrava com as marchinhas do Kelly e a temperatura subia muitos graus. Eu, ali, me entregando aos prazeres de momo. Alguns anos adiante, conheci pessoalmente o Kelly, que era meu ídolo desde criança, e passei a conviver com ele nas conversas sobre carnaval e, em janeiro de 2003, tive um dos maiores prazeres da minha vida: fazer uma matéria televisiva junto com o Kelly sobre o ressurgimento das marchinhas de carnaval. E agora, ao alcançar uma meta pessoal da minha vida, a presidência do Cordão do Bola Preta, vou poder comemorar com muita alegria dois fatos da maior importância para a cultura brasileira: 50 anos de carreira artística do nosso sócio honorário João Roberto Kelly e 90 anos do Cordão do Bola Preta.

Uma emoção maior para qualquer ser humano é participar do sábado de carnaval do Cordão do Bola Preta e presenciar 500 mil pessoas cantando, a plenos pulmões, "Mulata Bossa Nova", "Cabeleira do Zezé", "Bota a Camisinha", "Colombina Yê, Yê, Yê", "Joga a Chave, Meu Amor".

Obrigado, João Roberto Kelly, por tudo que você fez e faz pelo carnaval.
Obrigado, meu Deus, pela felicidade de conviver com uma pessoa tão maravilhosa.

Pedro Ernesto Araujo Marinho
Presidente do Cordão do Bola Preta

Kelly é o moderno professor de marchinhas de todos nós. Se Braguinha foi o rei do gênero; Ary Barroso, o catedrático; Lamartine, o cronista; e Noel, o filósofo; João Roberto nos ensinou a ser cronistas da modernidade, através das marchinhas de carnaval. Ele liberou o assunto, universalizou os temas e atualizou o estilo. A "cabeleira do Zezé" cabe hoje, sem preconceitos, em qualquer "mulata iê, iê, iê" ou "bossa nova". Seja ela qualquer Maria: sapatão ou não. Kelly nos abriu o bloco da liberdade no carnaval moderno. Viva Kelly! Viva o futuro das marchinhas! Oba!

Eduardo Dussek

João Roberto Kelly é a alegria em forma de música. Referência e maior expoente das marchinhas carnavalescas, sua grandiosa obra é um legado para o patrimônio cultural brasileiro. O carnaval não seria o mesmo sem João Roberto Kelly. A UBC tem o orgulho e a satisfação de caminhar ao lado deste que é o maior autor de carnaval de todos os tempos. Parabéns, Kelly, pelos 50 anos de carreira. A festa não tem hora para terminar... E só dá ele!

Frederico Lemos
Diretor executivo da União Brasileira de Compositores (UBC)

Eu costumo dizer que os maiores compositores do repertório carnavalesco de sempre estão centrados em Lamartine Babo e Braguinha. E também continuo a dizer que eles têm um herdeiro natural: João Roberto Kelly. Fico a imaginar se nosso Kellynho tivesse vivido na época de ouro...

Embora chegando já ao entardecer das marchinhas momescas, Kelly é o principal autor dos anos 50 para cá. E não só brilha no carnaval: ele reluz também em sambas lindíssimos de meio de ano – como chamávamos as músicas fora do período de folia.

Repito aqui – pois é assim que o estimo e o admiro desde sempre – o título que dei para um show biográfico que tive a honra de escrever e dirigir em sua homenagem (com a inesquecível Emilinha Borba como estrela) lá pelos idos dos anos 80: Quero Kelly!

Ricardo Cravo Albin
Presidente do Instituto Cultural Cravo Albin (ICCA)

Na década de 60, a TV Excelsior (vitoriosa rede de televisão) lançava uma programação revolucionária na linha dos programas humorísticos-musicais (Times Square, My Fair Show) propiciando o aparecimento e instantânea consagração do maior compositor do gênero: João Roberto Kelly.

Autor de infindáveis prefixos, vinhetas, interlúdios, canções, só comparáveis aos dos mais notáveis compositores norte-americanos especialistas no setor, João espraiou seu enorme talento para o carnaval, se afirmando como campeão absoluto das ruas e salões carnavalescos.

Depois da TV Excelsior, João continuou imprescindível como condutor e realizador de programas musicais que fizeram época nas mais importantes TVs: Tupi, Rio, Record, Globo, Manchete.

Tive o privilégio de trabalhar com ele em quase todas essas emissoras, acompanhando o artista iluminado que ele é.
Que venham mais 50 anos de talento genuíno.

Mauricio Sherman

PRIMEIRA PARTE

Músicas de

Carnaval

Apareceu a Margarida

João Roberto Kelly e Augusto Mello Pinto

Apareceu a Margarida
Olê, olê, olá.
No Festival
Veio pra se desfolhar
Neste carnaval.
(Olê, olê, olá.)

Carolina,
Tão formosa
Dengosa ao chegar
Distraiu-se
E não viu Margarida passar.

Carolina
Compreenda
Que o Mundo
É uma escola.

A noite era de Carolina
Mas foi Margarida
Quem entrou de sola
Olê, olê, olá.

Tudo 2 vezes

Bota a Camisinha

João Roberto Kelly, Chacrinha e Leleco

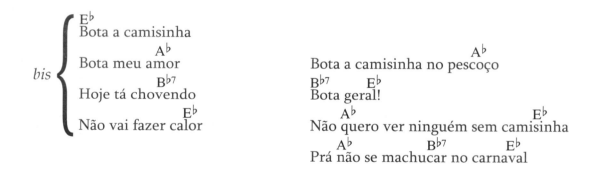

bis {
Eb
Bota a camisinha
Ab
Bota meu amor
Bb7
Hoje tá chovendo
Eb
Não vai fazer calor
}

　　　　　　　　　　　Ab
Bota a camisinha no pescoço
Bb7　　　Eb
Bota geral!
　　　Ab　　　　　　　　　　Eb
Não quero ver ninguém sem camisinha
　　Ab　　　　Bb7　　　Eb
Prá não se machucar no carnaval

Tudo 2 vezes

Copyright © 1987 by IRMÃOS VITALE S.A. Ind. e Com. – São Paulo – Rio de Janeiro – Brasil.
Todos os direitos autorais reservados para todos os países. – All rights reserved.

Break, Break

João Roberto Kelly, Chacrinha e Leleco

Marcha

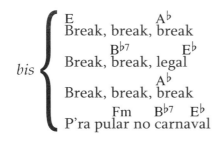

Vem cá, neguinho
Mostra como é que é____
Que a gente se entorta to__do
Da cabe_ça até o pé

Tudo 2 vezes

Copyright © 1984 by IRMÃOS VITALE S.A. Ind. e Com. – São Paulo – Rio de Janeiro – Brasil.
Todos os direitos autorais reservados para todos os países. – All rights reserved.

Cabeleira do Zezé

João Roberto Kelly e Roberto Faissal

Introdução: |B♭ |C7 |F |Dm |B♭ |C7 ‖F |C7 ‖

refrão
F
Olha a cabeleira do Zezé
            C7
Será que ele é...
         F   C7
Será que ele é...
F
Olha a cabeleira do Zezé
            C7
Será que ele é...
         F   C7
Será que ele é...

       F7 B♭   F
Será que ele é bossa nova,
         A7   Dm
Será que ele é Maomé,
         Gm   F   D7
Parece que é transviado,
         G7   C7
Mas isso eu não sei se ele é...

        F   B♭ C7
Corta o cabelo dele,
B♭   C7   F
Corta o cabelo dele,
        B♭   C7
Corta o cabelo dele,
B♭   C7
Corta o cabelo dele.

Repete refrão e:
‖B♭ |C7 |F |Dm |B♭ |C7 |F | 𝄎 ‖

Copyright © 1963 by IRMÃOS VITALE S.A. Ind. e Com. – São Paulo – Rio de Janeiro – Brasil.
Todos os direitos autorais reservados para todos os países. – All rights reserved.

Colombina Yê-Yê-Yê

João Roberto Kelly e David Nasser

Mini-Marcha

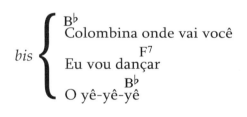

bis
- Bb Colombina onde vai você
- F7 Eu vou dançar
- Bb O yê-yê-yê

Bb A gangue só me chama de palhaço
F7 Bb Palhaço, palhaço
Eb Ebm Bb A minha Colombina que é você
Gm F7 Bb Só quer saber de yê-yê-yê

Tudo 2 vezes

Copyright © 1966 by IRMÃOS VITALE S.A. Ind. e Com. – São Paulo – Rio de Janeiro – Brasil.
Todos os direitos autorais reservados para todos os países. – All rights reserved.

Dança do Bole Bole

João Roberto Kelly

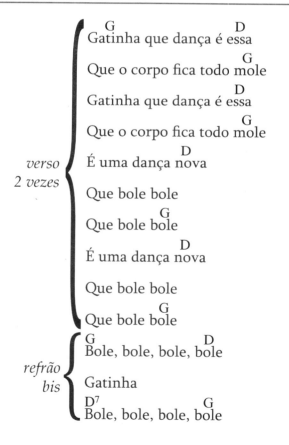

verso 2 vezes
Gatinha que dança é essa
Que o corpo fica todo mole
Gatinha que dança é essa
Que o corpo fica todo mole
É uma dança nova
Que bole bole
Que bole bole
É uma dança nova
Que bole bole
Que bole bole

refrão bis
Bole, bole, bole, bole
Gatinha
Bole, bole, bole, bole

Verso 1 vez e refrão

Copyright © 1976 by IRMÃOS VITALE S.A. Ind. e Com. – São Paulo – Rio de Janeiro – Brasil.
Todos os direitos autorais reservados para todos os países. – All rights reserved.

Gigi

Manoel Ferreira, Ruth Amaral e João Roberto Kelly

    F
Gigi,

        Gm
Eu chego lá

   C7   F C7
Me dá uma colher de chá

    F
Gigi,

        Gm
Eu chego lá

   C7   F
Me dá uma colher de chá

F   D
Deslumbrada,

   D7   Gm
boneca eu sou seu fã

Bb C   F   Dm
Eu te quero hoje

            Gm C7   F C7
Não tem nada de amanhã

Tudo 2 vezes

ISRAEL
Homenagem ao grande amigo Carlos Ribeiro

João Roberto Kelly e Rachel

G⁷ Cm
Israel
C⁷ Fm
Israel
      G⁷   Cm
Uma canção, uma lágrima
G⁷ A♭⁷ G⁷
Israel

G⁷ Cm
Israel
C⁷ Fm
Israel
      G⁷   Cm
Uma canção, uma lágrima
G⁷ Cm
Israel

G⁷   Cm
Um violinista no telhado
C⁷   Fm
Tocando a canção que vem do céu
           G⁷   Cm
Meu sentimento minha saudade
G⁷ Cm
Israel

Tudo 2 vezes

Copyright © 1972 by IRMÃOS VITALE S.A. Ind. e Com. – São Paulo – Rio de Janeiro – Brasil.
Todos os direitos autorais reservados para todos os países. – All rights reserved.

Joga a Chave, Meu Amor!

João Roberto Kelly e J. Ruy

Marcha

Cm   Gm
Iê, iê, iê, iê, iê, iê, iê, iê, iê, iê, iê
Cm   Gm
Iê, iê, iê, iê, iê, iê, iê, iê.

Cm   Gm
Joga a chave meu amor
G♭   E♭
Não chateia, por favor
A♭
Tô bebendo pela aí
B♭7
Tô sonhando com você
Cm   Gm
Iê, iê, iê, iê, iê, iê, iê, iê
Cm   Gm
Iê, iê, iê, iê, iê, iê, iê, iê.

Cm   Gm
Joga a chave meu amor
G♭   E♭
Não chateia, por favor
A♭
Tô bebendo pela aí
B♭7
Tô sonhando com você
Cm   Gm
Iê, iê, iê, iê, iê, iê, iê, iê
Cm   Gm
Iê, iê, iê, iê, iê, iê, iê, iê.

bis { Cm   Gm
Iê, iê, iê, iê, iê, iê, iê, iê

Copyright © 1964 by IRMÃOS VITALE S.A. Ind. e Com. – São Paulo – Rio de Janeiro – Brasil.
Todos os direitos autorais reservados para todos os países. – All rights reserved.

Maria Sapatão

João Roberto Kelly, Don Carlos, Chacrinha e Leleco

Marcha

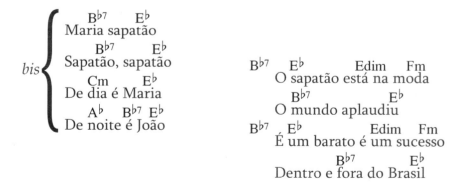

Tudo 2 vezes

Menino "Gay"

João Roberto Kelly, Chacrinha, Don Carlos e Leleco

bis {
Bb
Esse menino é gay
F
Gay, gay, gay...
F7
É bonitinho
Bb
Sabe tudo que eu não sei
}

Gm
Um dia ele é gatinho
Bb   F   Eb
O outro ele é gatão
Cm   Bb
Pior que tem um bigodinho
Cm   F7   Bb
De machão, de machão, de machão

Tudo 2 vezes

Copyright © 1981 by IRMÃOS VITALE S.A. Ind. e Com. – São Paulo – Rio de Janeiro – Brasil.
Todos os direitos autorais reservados para todos os países. – All rights reserved.

Mulata Iê, Iê, Iê

João Roberto Kelly

Introdução: | B♭ | A♭ | B♭ | A♭ | B♭ | A♭ | F7 | ⁒ ‖

refrão 2 vezes
{
  B♭
  Mulata bossa-nova
              F7
  Caiu no hully-gully
  B♭ Gm Cm
  E só dá ela
      F   B♭   Gm
  Iê, iê, iê, iê, iê, iê, iê, iê...
  Cm7 F7 B♭ (F7)
  Na passarela
}

E♭
A boneca está
B♭
Cheia de fiu-fiu
            Cm
Esnobando as louras
     Gm   C7   F7
E as morenas do Brasil

Refrão 2 vezes, (Gm)

bis
{
  Cm   F   B♭   Gm
  Iê, iê, iê, iê, iê, iê, iê, iê...
  Cm7 F7   B♭ F7
  Na passarela

  morrendo
}

Pacotão

Gravação ODEON por CHACRINHA

João Roberto Kelly, Chacrinha, Leleco e Don Carlos

bis
{
Eb
Olha o pacotão
Fm
Olha o pacotão da nega
Ab
Olha o pacotão da nega
Eb
Olha o pacotão
}

Bb   Fm
Essa nega na avenida
Ab   Eb
Causa grande confusão
Bb   Fm
A galera fica louca
Bb7
E se esquece da inflação
Eb
Olha aí...

Tudo 2 vezes

Paz e Amor

João Roberto Kelly e Toninho

Introdução: | E♭ | ⁄. | A♭ | ⁄. | B♭ | ⁄. | E♭ | B♭7 ||

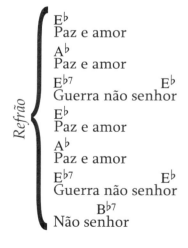

```
     E♭
     Paz e amor
     A♭
     Paz e amor
     E♭7            E♭
     Guerra não senhor
     E♭
     Paz e amor
     A♭
     Paz e amor
     E♭7            E♭
     Guerra não senhor
         B♭7
     Não senhor
```

Cm   Fm
Todo mundo é meu amigo
B♭7   E♭
Todo mundo é meu irmão
                      A♭
Quem quiser falar comigo
     B♭7   E♭
Levanta dois dedos na mão
              B♭7
E diz assim

Repete refrão

Copyright © 1971 by IRMÃOS VITALE S.A. Ind. e Com. – São Paulo – Rio de Janeiro – Brasil.
Todos os direitos autorais reservados para todos os países. – All rights reserved.

Rancho da Praça Onze

João Roberto Kelly e Francisco Anizio

Marcha-Rancho

Introdução: |Am⁷ | ⁄. |D⁷ | ⁄. |G⁷⁺ | ⁄. |Bdim |E⁷ |E♭⁷ |D⁷ | ⁄. |G⁷⁺ |E♭⁷ ||

G⁷⁺ Am⁷ Bm⁹   G   G⁶ E♭⁷
Es__ta__ é a Praça Onze tão queri__da
G⁷⁺   G⁷⁺/B   Ddim E⁷
Do carnaval a própria vi___da
Am⁷   E⁷   Am⁷
Tudo é sempre carnaval
Cm⁷   G⁷⁺ Bm
Vamos ver desta praça a poesi__a
E⁷   A⁷
E sempre em tom de alegria
D⁷   G
Fazê-la internacional!

Dm⁷   G   Dm⁷   G
A praça existe, alegre ou triste
C   C⁷⁺
Em nossa imaginação
Em⁷   Am⁷   Em⁷   Am⁷
A praça é nossa, e como é nossa
B♭⁷   A⁷   D⁷
No Rio quatrocentão.

Repete introdução

G⁷⁺ Am⁷ Bm⁹   G   G⁶ E♭⁷
Es__te__ é o meu Rio, boa pra__ça,
G⁷⁺   G⁷⁺/B   Ddim E⁷
Simbolizando nesta pra__ça
Am⁷   E⁷   Am⁷
Tantas praças que ele tem

Cm⁷
Vamos da Zona Norte à
G⁷⁺ Bm
Zona Sul
E⁷   A⁷
Deixar a vida toda azul
D⁷
Mostrar da vida
G
o que faz bem.

(Praça Onze! Praça Onze!
Praça Onze!)

Copyright © 1964 by IRMÃOS VITALE S.A. Ind. e Com. – São Paulo – Rio de Janeiro – Brasil.
Todos os direitos autorais reservados para todos os países. – All rights reserved.

Rancho do Lalá

João Roberto Kelly e David Nasser

Introdução: | B♭m | E♭ | A♭ | ⁄ | ⁄ | D♭ | C⁷ | ⁄ ||

Fm   B♭m
Hoje lembrei Lamartine
    G⁷   C⁷   Fm E♭
Com seu eterno trá-lá-lá
A♭   Cm
Noites morenas do Rio
   G⁷
Estão no assobio
   C⁷
Estão no trá-lá-lá-lá-lá-lá-lá
Fm   B♭m
Hoje lembre Lamartine
    G⁷   C⁷   F C⁷
Com seu eterno trá-lá-lá

     F   Gm
Primeiro foi a mulata
           C⁷
Depois a morena
                F
De olhar sempre igual
    Am   A♭⁷   Gm
A moreninha rainha
      G⁷   C⁷ C#dim
Lalá do seu carnaval

      F   Gm
Trá-lá-lá-lá de saudade
                C⁷
De rancho pisado
              Cm   F
O chão da cidade
     B♭m   E♭⁷   A♭
Do Rio que cantava no falsete
              Gm   C⁷ Fm G♭⁷
Do Lalá e seu eterno trá-lá-lá

Tudo 2 vezes e
‖: G♭⁷ | ⁄ | Fm | ⁄ :‖

Rancho do Rio

Música de João Roberto Kelly *e Letra de* J. Ruy

Marcha-Rancho

Introdução: |Fm Eb |D7 |Gm | ℅ |Fm |Gm |Eb |/ Gm ||

Eb
Foi
           Cm7   Fm Fm5+
Estácio de Sá quem fundou
C Gm   Bb   Eb Db C7
E São Sebastião abençoou
Fm Eb D7   Gm C7
Rio é quatrocentão
     Fm   Bb7   Eb Eb7
Mas é um broto no meu coração
Fm Eb D7   Gm C7
Rio é quatrocentão
     Fm   Bb7   Eb Fm
Mas é um broto no meu coração

         Eb   Gm7 Eb
Eu falo assim porque Rio,
       Fm   Bb7   Gm
eu conheço__ você
       Eb
Com essa idade
            Bb   Ddim
Que o bom Deus lhe deu
    F
E pra cantar
La-ra-lá
     Bb
E pra amar
      Dm
La-ra-lá
Fm   Dm5- Bb (Eb Cm Fm Bb)
Você está mais broto do que (eu_____)

Tudo 2 vezes e
               (Eb7+ Cm)
               (eu_____)
Fm   Dm5- Bb   Eb Eb7
Você está mais broto do que eu
Fm   Dm5- Bb   Eb7+
Você está mais broto do que eu

Copyright © 1965 by IRMÃOS VITALE S.A. Ind. e Com. – São Paulo – Rio de Janeiro – Brasil.
Todos os direitos autorais reservados para todos os países. – All rights reserved.

SEGUNDA PARTE

Canções da MPB

Boato

João Roberto Kelly

Introdução: |D♭ |Fm |C7 |Fm |A♭5+ ||

||: Fm   Fm/E♭
   Você foi um boato
      E♭
   Até que um dia
   G7   C7
   Só agora eu sei
          A♭7   C7
   Desmentiu minha ilusão
   Fm   Gm   G
   Em quem acreditei
   C7   F7
   Andou de boca em boca
   B♭m
   No meu coração

refrão { Fm   Fm/E♭
        Você foi a mentira
                B♭m
        Que deixou saudade
        Fm   G7 C7   Fm :||
        Todo boato tem um fundo de verdade

F   D7
Haja o que houver
Gm7   C7
Custe o que custar
F   F5+   B♭
Hoje de você eu quero paz
Gm7   E♭7
Sei que vou chorar
Fm
Todo o meu sofrer
G♭7   C7
Boato só o tempo desfaz

Refrão, tudo 2 vezes e refrão

Copyright © 1961 by IRMÃOS VITALE S.A. Ind. e Com. – São Paulo – Rio de Janeiro – Brasil.
Todos os direitos autorais reservados para todos os países. – All rights reserved.

Brotinho Bossa-Nova

João Roberto Kelly

Introdução: | A♭ | B♭7 | E♭7 | A♭ | ⁄. | B♭7 | E♭ | ⁄. ||

A♭		D♭m
Brotinho bossa nova		
B♭m		E♭7
Fina flor do sindicato		
A♭		
Do cachorro quente		
E♭m7		F7
Da lambreta e do boato		
B♭m		
Cabelo no ombro		
E♭7		
Na pinta um assombro		
A♭ C7		
Porém não me engana		

Fm   B♭m
  Com todo seu it
                      E♭7
    É a falsa Brigite
                 A♭ (B♭m7 E♭7)
    De Copacabana
                              Tudo 2 vezes

                              B♭7
    Diz que é fan de aventura
              E♭7   A♭
    E que é louca por carinhos

              A♭(-6)   B♭7
Mora na literatura
          E♭7   A♭   G♭7
Das histórias em quadrinhos
F7   B♭m
Do Rio quando ela sai
              D♭   D♭m
É pra estudar na Suíça
          Fm7   B♭m7 E♭7   A♭
Ou pra se casar no Uruguai
E quem manda é o papai
                              Tudo 2 vezes

Copyright © 1960 by IRMÃOS VITALE S.A. Ind. e Com. – São Paulo – Rio de Janeiro – Brasil.
Todos os direitos autorais reservados para todos os países. – All rights reserved.

Cafezinho

João Roberto Kelly e Augusto Mello Pinto

Introdução: |Dm |G7 |C | canto ||

C   A7
Zé me serve um cafezinho
       D7
Que seja pingado

Pouco açúcar, louça fria
       G7
Estou ali sentado

Na terceira mesa embaixo
      C6
Do retrato desbotado
    F   G7
Do seu time que perdeu
C
Era assim que antigamente

A gente se entendia
        A7
E se distraía
       D7
Era conforto à beça

Tudo sem pressa
G7
Meu cafezinho, quanto carinho
C
Hoje em dia o cafezinho
     D7
É café diferente

Há tumulto, tudo em pé
                G7
Tudo empurrando a gente
                        C
Compra a ficha, paga adiantado
                   C7
Açucareiro é disputado

⎧ F   F#dim
⎪ Vou viajar p'ro estrangeiro
⎪ C   A7
bis ⎨ Talvez eu seja feliz
⎪   Dm
⎪ Tomando nosso café
⎪   G7   C
⎩ Num café lá de Paris

Tudo 2 vezes

Copyright © 1970 by IRMÃOS VITALE S.A. Ind. e Com. – São Paulo – Rio de Janeiro – Brasil.
Todos os direitos autorais reservados para todos os países. – All rights reserved.

Canção Para Mamãe

João Roberto Kelly e David Nasser

Introdução: ‖—4—‖

```
      D                          F#m
Tentei fazer uma canção rimando tudo
      Em
O vento, a noite,
         A7
A luz do céu e o mar
D                            F#m
Mas encontrei uma palavra e fiquei mudo
         Em                      A7
Pois não havia outra igual para rimar.
```

Refrão

```
Em7
Mãe não tem rima
                                 A7
Teus olhos que dizem a prece do silêncio
F#m          Bm                  Em F#m
A tua voz, quando nega a mágoa dos teus o__lhos
        D                    Bm
Tua sombra velando os meus sonhos
       Em                    A7
No leito onde em criança eu dormia.

Gm7
Mãe não tem rima
                              C7
O beijo que abriu os meus olhos para vida
Am
Mãe não tem rima
Gm                       A7
Lágrima no tempo que se perdeu
D        Bm     Em      A7
Gesto que ficou perdido na distância
Gm7          C7            D
Rosto que eu vejo em cada estrela.
```

```
           D                     F#m
Esta canção que eu fiz de uma palavra
Em
Sílaba de luz de um só gemido
D                                     F#m
É para alguém que se empresta à minha espera
     Em                          A7
Para em seus braços eu descansar como criança.
```

Repete refrão

Ciuminho

João Roberto Kelly

Introdução: | F6 | Fm6 | C | Cdim | Dm | G7 | C | Dm G7 ||

C
Quando você passa rindo
D7
Todo mundo quer saber
Dm7   G7
Quem terá o sonho lindo
     C   Am Dm   G7
De ser o felizardo de você

C
Ai, que ciuminho bom
D7
Tenho desse seu olhar
Dm7   G7   C C7
Desse seu jeitinho de beijar

F   Ddim
Quando você passa rindo
C   Cdim
Ri do mundo que não vê
Dm   G7
Que você nasceu pra mim
              C   (C7)
E o meu amor que é de você

Tudo 2 vezes e

||(C7) ||F | ⁄. | G7 | ⁄. | C7 | F Dm7 | Gm C7 | F | ⁄. | G7 | ⁄. |
| Gm7 ||C7 | F | F7 | B♭ | Gdim | F | Fdim | Gm | C7 | F | G7 ||

e do Canto ao fim com

|| C B♭13+ | C13+ ||

Copyright © 1963 by IRMÃOS VITALE S.A. Ind. e Com. – São Paulo – Rio de Janeiro – Brasil.
Todos os direitos autorais reservados para todos os países. – All rights reserved.

Dor de Cotovelo

Samba
João Roberto Kelly

Introdução: |D♭ | ⁄. |G♭(6) |G♭m6 |D♭ | ⁄. |G♭(6) | ⁄. ||

bis {
D♭   G♭m6   D♭   E♭m
Beber pra esquecer é teimosia
D♭   A♭(6)   B♭7   E♭m
Hoje muito whisky, muita alegria
      G♭m   D♭
Amanhã ressaca, saco de gelo
      B♭7   E♭m   A♭(6)   D♭   A♭5+
O bar não é doutor que cure a dor de cotovelo
}

Fm D♭ G♭   Gm6   Fm
A dor pra curar não tem receita
      C♭dim   E♭m
É corcunda que se deita
      Adim   D♭
Sem achar a posição
A♭m   B♭7   E♭m
E sentir saudade não faz mal
                             E♭7
Não é no fundo do copo
                          A♭   A♭5+
Que você vai encontrar sua moral

Tudo 2 vezes

Copyright © 1961 by IRMÃOS VITALE S.A. Ind. e Com. – São Paulo – Rio de Janeiro – Brasil.
Todos os direitos autorais reservados para todos os países. – All rights reserved.

ESMOLA

João Roberto Kelly

Introdução: |Cm | ٪. |A♭11 | ٪. |Fm7/4 | ٪. |G7 |D♭ ||

Cm   A♭ G7
Vai, que a vida me consola
                       Cm
Ninguém vai chorar de dor
                  Gm   Gm6
O seu beijo era uma esmola
D7   A♭   G7
Pobre de amor   Eu dei valor
Cm   A♭
Vou guardar seu beijo na saudade
                G7
Eu vim falar a verdade

                   D♭ C7
Que o assunto é mal de amor
Fm   Cm
Se o seu carinho é tão difícil
            A♭
Agradeço o sacrifício
       G7   Cm
Mas dispenso esse favor

C   F
Vejam só   Os papéis
C   C5+   F
Se trocaram, bem se vê
              Fm   Cm
Hoje passo pela sua ingratidão
                    D♭
E quem me estende a mão
                Cm
Pedindo esmola é você

Copyright © 1961 by IRMÃOS VITALE S.A. Ind. e Com. – São Paulo – Rio de Janeiro – Brasil.
Todos os direitos autorais reservados para todos os países. – All rights reserved.

GAMAÇÃO

João Roberto Kelly

Introdução: |F |F#dim |C |A7 |Dm7 |D7 |G7 |G7(5+) ||

```
    C         Em      Gm  A7
Olhei, sorri, beijei, depois
    Dm  G7
Gamei
    C  A7  Dm  G7
Gamei
    C             Em        Gm  A7         F           F#dim
Pior foi que você não entendeu         Foi infelizmente
    Dm  G7                              C              A7
Que bobo                              um sonho mais do coração
    C  C7                                           Dm
Fui eu                                um beijo a mais
                                           D7       G  Db7
                                      que se desfaz na ilusão
```

Tudo 2 vezes e 1º verso

Gravação ODEON por MILTINHO

Made in Mangueira

João Roberto Kelly

bis {
Fm⁷　　　　　B♭⁷　　　　E♭
Meu samba nunca foi a Woodstock
　　　C⁷　　　　Fm⁷
Meu cavaco não dá choque
　　　B♭⁷　　　　E♭　E♭⁷
Nem faz roque meu senhor
　　Am⁷(5-)
Meu samba não tem pauleira
A♭　　　　Gm⁷
Nem amplificador
　　C⁷　　　Fm⁷
Ele é Made in Mangueira
　　B♭⁷　　　E♭
Onde mora o meu amor (Meu samba)
}

Gm⁷　　　F#º　　　Fm⁷
Pega um pedaço da lua
B♭⁷　　　　E♭
Pega um pedaço de mim
Gm⁷　　　F#º　　　Fm⁷
Pega um pedaço do morro
　　B♭⁷　　　　E♭
Meu samba vai ficando assim
　　A♭　A♭m　　Gm⁷
Meio telecoteco, meio samba
　　C⁷　　　　Fm⁷
No final eu tiro um breque
　　B♭⁷　　　　E♭
Do fundo do meu coração

Titio Ciro tinha razão

Tudo 2 vezes

Copyright © 1976 by IRMÃOS VITALE S.A. Ind. e Com. – São Paulo – Rio de Janeiro – Brasil.
Todos os direitos autorais reservados para todos os países. – All rights reserved.

Mais do que Amor

Samba-Canção

João Roberto Kelly

Introdução: |Fm B♭7 |E♭ Cm |E♭ ||

    E♭   B♭7
Meu amigo... obrigado
  Fm7   Fm B♭7
Mas seu cuidado é inútil
     E♭7+   E♭6
Não vou brigar com ela
  Fm7   B♭7
Por um motivo tão fútil
   E♭ E♭7+   E♭6 E♭
Se ela dança a noite inteira
              Fm
Não pense que me esquece
 A♭   A♭m   E♭ C7
Pois quando o baile termina
Fm   B♭7   E♭
Quem sai com ela sou eu

  G7 Cm   D7
O amor não vê idade
   G7   Cm
Não vê hora, não vê cor
                 Gm
Mas o que existe entre eu
            A♭
E aquela mulher
              G7
Já é mais do que amor
   Cm   D7
Por isso não me condene
  G7   C7
Ao falar dela comigo
  Fm   Cm
Se ela não sabe ser minha
 A♭   G7   Cm
Saiba você ser comigo

Tudo 2 vezes

Copyright © 1961 by IRMÃOS VITALE S.A. Ind. e Com. – São Paulo – Rio de Janeiro – Brasil.
Todos os direitos reservados para todos os países. – All rights reserved.

My Fair Show

João Roberto Kelly, Max Nunes e Maurício Sherman

Introdução: *(Abertura)* | 4 | voz ||

$E^{\flat 7}+/C$ Am^7
My Fair Show

D^{9-} G^7+ $G^\flat$ G^7 G^6 G^7+
Meu querido show

G^6 $F^\sharp m^7$ B^7
Mil canções

Em Dm^7
Rodam no ar

C^7+ C^6
(Samba) Brotinho do twist

C^7+ C^6
E do balanço

Cm^7 C^6
Traz o teu sabadá

Vem cá que eu danço

A^7
A bossa é o carrossel

$E^{\flat 7}$
O sonho é o carrossel

Am^7 D^{9}_{5+}
A vida é o carrossel

(Valsa) || $G^{9(7+)}$ | $B^\flat m^{7/9}$ | $Am^{7/9}$ | D^{9}_{5+} | $G^{9(7+)}$ | $B^\flat m^{7/9}$ | D^5+ ||

G Em^7
Rodar, a rolar, a cantar, gingar

A^7
A sorrir, a mentir, a beijar, a amar

Am^7
A partir, a voltar

D^7 Am^7
E é nessa ciranda que eu vou...

G Em^7
Rodando, rolando, cantando, gingando

A^7
Sorrindo, mentindo, brigando, amando

Am^7
Partindo, voltando...

D^7 Dm E^7
Essa vida é um show!

(Fox)
A^7 F^7
My fair show

G^7+
My fair show

$E^{\flat 7}+/C$ D^7
My fair show

G Cm^7 G
Meu querido show!...

Mistura

João Roberto Kelly

Samba-Canção

Introdução: |Am7/9 |E7 | ∕. |C6 |Am |D7 |G | ∕. ||

Am
Que loucura

E eu pensava
          G
Que era só ternura
     E7/9   Am7
Hoje você em mim virou mistura
  D7
Eu em você
         G
Por isso que loucura...
   Am
Que desejo

Seu corpo fala
                 G
As coisas que eu entendo

A vida passa
  E7/9   Am
E a gente nem está vendo
  D7   G
O que importa somos nós dois
E7   Am7/9
Que saudade
      E7
Nas horas tristes
                E7/9
Que a gente não se vê
  C6   Am
Há um vazio, vontade de morrer
  D7
Eu não sou eu
            G
Você não é você...

Tudo 2 vezes

Copyright © 1980 by IRMÃOS VITALE S.A. Ind. e Com. – São Paulo – Rio de Janeiro – Brasil.
Todos os direitos autorais reservados para todos os países. – All rights reserved.

Passaporte pra Titia

Samba
João Roberto Kelly

Introdução: |G A7 |D B7 |Em A7 |D | ⁄ ||

```
       D         C7    D
Garota diz que veio de Paris
                      D7
Que foi noiva de um conde
                     G
E não casou porque não quis
                 G#dim
Não olha pra rapaz
              D
De pouca idade
        B7        Em
Pra ter personalidade
     E7          A7
Torce sempre o nariz
```

```
       D         C7    D
Garota nunca deu seu coração
                   D7
Todo o dia "bate um papo"
                  G
Só "na base do platão"
                G#dim  D
Garota cheia de filosofia
     B7         Em
Sua pinta é o próprio
      A7        D
Passaporte pra Titia
```

Tudo 2 vezes e D7+

Copyright © 1961 by IRMÃOS VITALE S.A. Ind. e Com. – São Paulo – Rio de Janeiro – Brasil.
Todos os direitos reservados para todos os países. – All rights reserved.

Poeira do Caminho

João Roberto Kelly e David Nasser

Samba-Canção

Introdução: |Fm |A♭3/4 |G7 |Cm ||

       Fm G7
Não sei se a vida
      Cm
Não vale nada
   C7
Não sei se sou eu mesmo
    Fm
Que não presto
 G7   Cm
Só sei que te desejo e te recuso
 D7   G7
Só sei que te amo e te detesto

       Fm
Porém, se um dia
      G7   Cm
Na poeira do caminho
         G7   D♭3/4 C7
Não puderes continuar até o fim
           Fm
Eu que estarei onde teus passos
    Cm
Terminarem
  D7   G7
Guardando teu lugar
       Cm
Bem junto a mim

Tudo 2 vezes

Pororó-Popó

João Roberto Kelly

Introdução: |D |B9 |Em |A7 |D |Bb A7 |D7+(9) |A7 ||

D
 Bate papo
Em
 Par constante
F#m   A7
 Pororo popó
D
 Dançamos na festa
D7   G
 Beijinhos na testa
E só

Gm   C   D
 Seu telefone eu anotei
      Bm   E7
 Cupido me laçou
                A7
 E apertou o nó
 Poro-poropopó

D   Em
 Todo dia eu discava
F#m   A7
 Pororopopó
D   D7
 Discava escondido
             G
 Da mamãe
 Em   G   G#dim   Am B7
 E da vovó   Tudo começou de brincadei__ra
         Em   A7   D
 E eu fiquei brincando a vida inteira

Copyright © 1962 by IRMÃOS VITALE S.A. Ind. e Com. – São Paulo – Rio de Janeiro – Brasil.
Todos os direitos autorais reservados para todos os países. – All rights reserved.

Samba de Branco

João Roberto Kelly e J. Ruy

    C
Samba de branco
        D⁷   G⁷
Não tem tamanco
              C
E de camisa listrada não sai
          D⁷   G   Gdim
Traje a rigor com camisa engomada
D⁷   Dm⁷   G⁷
Samba de branco tem black tie
C   G⁵⁺   Gm⁷   A⁷
Samba de branco tem conta no banco
Dm⁷   G⁷   C   C⁶
Tem cadilac mordomo e chofer
C   G⁵⁺   Gm⁷   A⁷
Samba de branco não é um qualquer
      Dm⁷   G⁷
Mas também, mas também
                   C
mas também tem mulher

Copyright © 1964 by IRMÃOS VITALE S.A. Ind. e Com. – São Paulo – Rio de Janeiro – Brasil.
Todos os direitos autorais reservados para todos os países. – All rights reserved.

Samba de Teléco-téco

João Roberto Kelly

Introdução: |F |B♭(6) |F |Dm |G9 |C7/9 |F7+ |C7(♭9) ||

F(♯9)　　　　　Dm　D7　Gm
Samba que não tem teléco-téco
　　　　　　　C　C7　　　　F6 Gm
Lá no morro é chaveco, não é samba não
C　F9　　　　G　　　　　C
A turma bate o samba no original
D(♭9)　G7　　　　　　　　C　　C(♯5) F7
Pra mostrar que o malandro é cem por cento nacional
B♭　　　　　Gm G♯m(♭5) C% F　D9
Samba americanizado lá não tem opinião
　　　　　　　Gm　　　C7/9　　　　F
Por que o morro não aceita a importação
Gm　　　　　　C7 F
Deixa a cuica roncar para a mulata gingar
　　　　　C　C7　　　F　　　F7
Ser patriota é zelar pelo que é nosso e do País
　　　　B♭9　　　B♭m6　F　　D7　　　G7　　　　C7　　　F　F7+　C7(♭9)
Fazer um samba dissonante é vestir uma cabrocha elegante com modelos de Paris

Copyright © 1958 by IRMÃOS VITALE S.A. Ind. e Com. – São Paulo – Rio de Janeiro – Brasil.
Todos os direitos autorais reservados para todos os países. – All rights reserved.

Só Vou de Balanço

João Roberto Kelly

Introdução: |F |F#dim |Gm ||C9- |F |F#dim |Gm ||C9- |Dm7 |C5+ ||

refrão bis {
    Gm7   C7
    Nada de twist
                Am7 D9-
    E de cha-cha-cha
    Gm7
    Só vou de balanço
          C7
    Só vou de balanço
               F   (Gb7+)
    Vamos balançar
}

Gm
Bebo café
C7
Grito Pelé
F
Tem que ser balanço

Rock não dá pé
E7
Tem que ser um samba

Um sambinha bom
Am
Tim, tom-tom-tom
              C7
Tim, tim-tom-tom

Tudo 2 vezes e refrão

Copyright © 1963 by IRMÃOS VITALE S.A. Ind. e Com. – São Paulo – Rio de Janeiro – Brasil.
Todos os direitos autorais reservados para todos os países. – All rights reserved.

ZÉ DA CONCEIÇÃO

João Roberto Kelly

Introdução: |Dm |Cm⁶ |Bm⁷ |E⁽ᵇ⁹⁾ |Am⁷ |D⁷ |G⁶ Cm⁶|Cm⁶ ||

Cm⁶
Peguei o Zé de copo na mão
   G⁶   G⁷⁺   Dm⁷
Tentando afogar a Conceição
G⁹   C⁶⁄₉   B⁷   Em⁷
No bar quem é triste vira herói
      A⁷   A⁹   Cm⁶
Engana a cabeça coração não dói

         Am⁷ D⁷   Am⁷ D⁷
Horas depois peguei o moço
        G   G⁶   Dm⁷
Chorando um colosso a solidão
G⁹   C⁶⁄₉   B⁷   Em⁷
Amor que se afoga no boteco
    Em⁶
É chaveco
    Am⁷   C⁷   G⁶⁄₉ (C⁹)
O Zé não esquece a Conceição

          ⎧ G⁷ C⁶⁄₉   C⁷   G⁶
bis ⎨ O Zé não esquece a Conceição
          ⎩

Copyright © 1963 by IRMÃOS VITALE S.A. Ind. e Com. – São Paulo – Rio de Janeiro – Brasil.
Todos os direitos autorais reservados para todos os países. – All rights reserved.

Este livro foi impresso a partir de
fotolitos fornecidos pelo cliente,
pela Ferrari Editora e Artes Gráficas
em Maio de 2008